El Nuevo

PRIMER LIBRO DE LA MISA

Una forma fácil para que Niños y Niñas participen en la Misa

Con el texto oficial para las partes de los fieles en la Santa Misa impresa en letras gruesas

D1855343

CATHOLIC BOOK PUBLISHING CORP.
NEW JERSEY

Queridos niños y niñas:

EN CADA MISA tenemos a Dios con nosotros de una forma muy especial. Estamos con Jesús en la Ultima Cena, en su Pasión y Muerte en la Cruz, y en su Resurrección y Ascensión. Estamos con El cuando se ofrece a sí mismo como sacrificio a Dios Padre. Estamos con El cuando viene a darnos su Cuerpo y Sangre en este alimento especial.

Dios es tan bueno que no desea que esperemos hasta verlo en el cielo antes de que nos alimentemos en esta mesa. El nos invita a venir ahora y comer de este maravilloso Pan de vida, el Cuerpo y la Sangre de Jesús, que El nos prepara.

Cuando visitamos un amigo para comer, por lo general le llevamos un pequeño presente. En la Misa, traemos pan y vino. Dios acepta esta ofrenda y la convierte en el Cuerpo y la Sangre de Jesús quien se entrega por nosotros como sacrificio a nuestro Padre.

Este Libro de la Misa te ayudará a participar major en esta Cena sagrada, dándote las oraciones que se dicen durante la Misa y la Vida de Jesús en láminas.

Nihil Obstat: Francis J. McAree, S.T.D., Censor Librorum
Imprimatur: Patrick J. Sheridan, Vicario General, Arquidiócesis de N.Y.

(T-809-S)

Printed in China CPSIA December 2022 10 9 8 7 6 5 4 3 2 1 LP

Este libro pertenece a:

____

Quien se hizo hijo de Dios por primera vez
y compartió de su vida el día

....
Fecha del Bautismo

Jesús llegó a mí como alimento para
mi alma, en la forma de Pan,
por primera vez el día

....
Fecha de la Primera Comunión

Dios me dio su Espíritu Santo
para ayudarme a seguir a Jesús el día

....
Fecha de la Confirmación

En la Ultima Cena Jesús dijo:
“Haced esto en conmemoración mía.”

LA SANTA MISA

CRISTO ofreció en el Calvario su Cuerpo y su Sangre a Dios Padre por nosotros. En la Misa se repite este gran acto.

La Misa comienza con los *Ritos Iniciales.* Hablamos a Dios en actos de contrición, alabanza y petición.

Luego sigue la *Liturgia de la Palabra.* Escuchamos lo que Dios nos dice en las Lecturas, el Evangelio y el Sermón.

La *Liturgia Eucarística* tiene tres partes. (1) Ofrecemos con el sacerdote el pan y el vino *(Preparación de los Dones).* (2) En la consagración este pan y este vino se convierten en el Cuerpo y la Sangre de Cristo *(Plegaria Eucarística).* (3) En la Santa Comunión recibimos a Cristo a quien amamos *(Rito de la Comunión).*

La Misa termina con la bendición y la despedida *(Rito de Conclusión).*

CANTO DE ENTRADA

Mientras el sacerdote y los ministros se acercan al altar, los fieles cantan el Canto de Entrada que comienza la celebración de la Misa.

ORDINARIO DE LA MISA

RITOS INICIALES

CANTO DE ENTRADA DE PIE

Todos hacen la señal de la cruz:

SACERDOTE: En el nombre del Padre, y del Hijo,
y del Espíritu Santo.

PUEBLO: **Amén.**

SALUDO

Se usa una de las fórmulas siguientes.
(Otras fórmulas pueden usarse).

A

SACERDOTE: La gracia de nuestro Señor Jesucristo,
el amor del Padre
y la comunión del Espíritu Santo
estén con todos ustedes.

PUEBLO: **Y con tu espíritu.**

B — O —

SACERDOTE: La gracia y la paz de parte de Dios, nuestro Padre,
y de Jesucristo, el Señor,
estén con todos vosotros.

PUEBLO: **Y con tu espíritu.**

C — O —

SACERDOTE: El Señor esté con ustedes.

PUEBLO: **Y con tu espíritu.**

ACTO PENITENCIAL

Se invita a todos a sentir dolor por sus pecados.

SACERDOTE: Hermanos: para celebrar dignamente estos sagrados misterios, reconozcamos nuestros pecados.

Luego se usa una de las fórmulas siguientes.

A

SACERDOTE Y **PUEBLO:**

**Yo confieso ante Dios todopoderoso
y ante ustedes, hermanos,
que he pecado mucho
de pensamiento, palabra, obra y omisión.**

Y, golpeándose el pecho, dicen:

Por mi culpa, por mi culpa, por mi gran culpa.

Luego prosiguen:

**Por eso ruego a santa María, siempre Virgen,
a los ángeles, a los santos
y a ustedes, hermanos,
que intercedan por mí ante Dios,
nuestro Señor.**

B ———————— o ————————

SACERDOTE: Señor, ten misericordia de nosotros.

PUEBLO: **Porque hemos pecado contra ti.**

SACERDOTE: Muéstranos, Señor, tu misericordia.

PUEBLO: **Y danos tu salvación.**

C ———————— o ————————

SACERDOTE u otro ministro:
Tú que has sido enviado para sanar a los contritos de corazón:
Señor, ten piedad.

PUEBLO: **Señor, ten piedad.**

SACERDOTE u otro ministro:
Tú que has venido a llamar a los pecadores:
Cristo, ten piedad.

PUEBLO: **Cristo, ten piedad.**

SACERDOTE u otro ministro:
Tú que estás sentado a la derecha del Padre para interceder por nosotros:
Señor, ten piedad.

PUEBLO: **Señor, ten piedad.**

Pueden usarse otras invocaciones.

Al final de cualquiera de las fórmulas del acto penitencial:

SACERDOTE:
Dios todopoderoso
tenga misericordia de nosotros,
perdone nuestros pecados
y nos lleve a la vida eterna.

PUEBLO: **Amén.**

EL KYRIE

A menos que esté incluído en el acto penitencial, se canta o se dice el Kyrie por todos, con partes alternas para el coro o cantante y para los fieles:

℣. Señor, ten piedad.
℟. **Señor, ten piedad.**
℣. Cristo, ten piedad.
℟. **Cristo, ten piedad.**
℣. Señor, ten piedad.
℟. **Señor, ten piedad.**

GLORIA

Cuando se canta o se dice el Gloria el sacerdote o los cantantes o todos juntos pueden comenzarlo.

Gloria a Dios en el cielo
y en la tierra paz a los hombres
que ama el Señor.

Por tu inmensa gloria te alabamos,
te bendecimos,
te adoramos,
te glorificamos,
te damos gracias,
Señor Dios, Rey celestial,
Dios Padre todopoderoso.

Señor Hijo único, Jesucristo,
Señor Dios, Cordero de Dios,
Hijo del Padre;
tú que quitas el pecado del mundo,
ten piedad de nosotros;
tú que quitas el pecado del mundo,
atiende nuestra súplica;
tú que estás sentado a la derecha del
Padre,
ten piedad de nosotros;
porque sólo tú eres Santo,
sólo tú Señor,
sólo tú Altísimo, Jesucristo,
con el Espíritu Santo
en la gloria de Dios Padre.
Amén.

ORACIÓN COLECTA

El sacerdote ora en nombre de todos los presentes. Le pide a Dios las gracias que todos necesitamos.

ORACIÓN COLECTA

SACERDOTE: Oremos.

El sacerdote y los fieles oran en silencio por unos momentos.

Después el sacerdote dice la oración colecta la cual ofrece el tema de la celebración y pide a Dios que nos ayude.

Luego dice:

Por nuestro Señor Jesucristo, tu Hijo,
que vive y reina contigo
en la unidad del Espíritu Santo y es Dios
por los siglos de los siglos.

PUEBLO: **Amén.**

PRIMERA LECTURA SENTADOS

Dios nos habla a través de los Profetas

Nos sentamos para escuchar la Palabra de Dios según fue dicha a través de los profetas y de los apóstoles. El lector ocupa su lugar para dirigirse a nosotros.

Al terminar la lectura:

LECTOR: Palabra de Dios.

PUEBLO: Te alabamos, Señor.

SALMO RESPONSORIAL

Los fieles repiten la respuesta cantada por el cantor la primera vez y después de cada verso.

SEGUNDA LECTURA

Dios nos habla a través de los apóstoles

Al terminar:

LECTOR: Palabra de Dios.

TODOS: **Te alabamos, Señor.**

Jesús nos habla en el Evangelio. Ahora nos ponemos de pie en señal de respeto y nos preparamos para escuchar su mensaje con el aleluya.

ALLELUYA DE PIE

Los fieles repiten el aleluya después del cantor y después del verso.

Durante la Cuaresma se usa una de las siguientes invocaciones en lugar del aleluya:

A. **Gloria y alabanza a ti, oh Cristo.**

B. **Gloria a ti, oh Cristo, sabiduría de Dios Padre.**

C. **Gloria a ti, oh Cristo, Verbo de Dios.**

D. **Gloria a ti, Señor, Hijo de Dios vivo.**

E. **Alabanza y honor a ti, Señor Jesús.**

F. **Alabanza a ti, oh Cristo, rey de eterna gloria.**

G. **Grandes y maravillosas son tus obras, Señor.**

H. **Salud y gloria y poder al Señor Jesucristo.**

EVANGELIO

Dios nos habla a través de Cristo

El sacerdote lee el evangelio en nombre de Jesús, y Jesús mismo se encuentra presente entre nosotros mediante su Palabra.

DIACONO (o SACERDOTE):

El Señor esté con ustedes.

PUEBLO: Y con tu espíritu.

DIACONO (o SACERDOTE):

Del santo Evangelio según san N.

PUEBLO: **Gloria a ti, Señor.**

Escuchamos al sacerdote o diácono mientras lee la Palabra de Dios.

Al terminar:

DIACONO (o SACERDOTE):

Palabra del Señor.

PUEBLO: **Gloria a ti, Señor Jesús.**

HOMILÍA

SENTADOS

Dios nos habla a través del Sacerdote

La homilía nos ayuda a poner en práctica las palabras de Cristo.

PROFESION DE FE

Creo todo lo que he escuchado

EL CREDO NICENO **DE PIE**

Creo en un solo Dios,
Padre todopoderoso,
Creador de cielo y de la tierra,
de todo lo visible y lo invisible.

Creo en un solo Señor, Jesucristo,
Hijo único de Dios,
nacido del Padre antes de todos los siglos:
Dios de Dios, Luz de Luz,
Dios verdadero de Dios verdadero,
engendrado, no creado,
de la misma naturaleza del Padre,
por quien todo fue hecho;
que por nosotros, los hombres,
y por nuestra salvación, bajó del cielo,
y por obra del Espíritu Santo
se encarnó de María, la Virgen, *(se inclina la cabeza)*
y se hizo hombre;
y por nuestra causa fue crucificado
en tiempos de Poncio Pilato;
padeció y fue sepultado,
y resucitó al tercer día, según las Escrituras,
y subió al cielo,
y está sentado a la derecha del Padre;

y de nuevo vendrá con gloria
para juzgar a vivos y muertos,
y su rcino no tendrá fin.

Creo en el Espíritu Santo,
Señor y dador de vida,
que procede del Padre y del Hijo,
que con el Padre y el Hijo
recibe una misma adoración y gloria,
y que habló por los profetas.

Creo en la Iglesia,
que es una, santa, católica y apostólica.
Confieso que hay un solo Bautismo
para el perdón de los pecados.
Espero la resurrección de los muertos
y la vida del mundo futuro.
Amén.

O —— CREDO DE LOS APOSTOLES ——

En las celebraciones de Misas con Niños, se puede decir el Credo de los Apóstoles después de la Homilía.

Creo en Dios, Padre todopoderoso,
Creador del cielo y de la tierra.
Creo en Jesucristo, su único Hijo,
nuestro Señor,
que fue concebido por obra y
gracia del Espíritu Santo, *(se inclina la cabeza)*
nació de santa María Virgen,

padeció bajo el poder de Poncio Pilato,
fue crucificado, muerto y sepultado,
descendió a los infiernos,
al tercer día resucitó de entre los muertos,
subió a los cielos,
y está sentado a la derecha de Dios, Padre todopoderoso.
Desde allí ha de venir a juzgar a vivos y muertos.
Creo en el Espíritu Santo,
la santa Iglesia católica,
la comunión de los santos,
el perdón de los pecados,
la resurrección de la carne
y la vida eterna.
Amén.

ORACIÓN UNIVERSAL
(Oración de los fieles)

Oramos por nuestros hermanos y hermanas en Cristo

Después que el sacerdote ofrece la introducción el diácono u otro ministro canta o dice las invocaciones.

PUEBLO: **Señor, escucha nuestra oración.**

(u otra respuesta de acuerdo con la costumbre)
Al terminar el sacerdote dice la oración final:

PUEBLO: **Amén.**

LITURGIA EUCARISTICA

HIMNO DEL OFERTORIO

SENTADOS

PREPARACIÓN DE LOS DONES

Mientras las ofrendas de los fieles se llevan hasta el altar, se entregan al sacerdote y se colocan en el altar, se puede cantar el himno del ofertorio.

PREPARACIÓN DE LOS DONES

El sacerdote da gracias a Dios por darnos este pan y este vino que se convertirán en el Cuerpo y la Sangre de Cristo. Y dice en voz baja:

Bendito seas, Señor, Dios del universo,
por este pan,
fruto de la tierra y del trabajo del hombre,
que recibimos de tu generosidad y ahora
te presentamos;
él será para nosotros pan de vida.

Si no se canta, el sacerdote puede decir esta oración en voz alta y todos responden:

PUEBLO: **Bendito seas por siempre, Señor.**

PREPARACIÓN DEL VINO

Mientras vierte el vino y un poco de agua en el cáliz, el diácono (o sacerdote) dice en voz baja:

Por el misterio de esta agua y este vino,
haz que compartamos la divinidad
de quien se ha dignado participar de nuestra humanidad.

Antes de colocar el cáliz en el altar, el sacerdote dice en voz baja:

Bendito seas, Señor, Dios del universo,
por este vino,
fruto de la vid y del trabajo del hombre,
que recibimos de tu generosidad y ahora te presentamos;
él será para nosotros bebida de salvación.

Si no hay himno, el sacerdote puede decir esta oración en voz alta, y los fieles pueden responder:

PUEBLO: **Bendito seas por siempre, Señor.**

INVITACIÓN A ORAR

A

SACERDOTE: Oren, hermanos,
para que este sacrificio, mío y de ustedes,
sea agradable a Dios, Padre todopoderoso.

PUEBLO: **El Señor reciba de tus manos este sacrificio,**
para alabanza y gloria de su nombre,
para nuestro bien
y el de toda su santa Iglesia.

ORACIÓN SOBRE LAS OFRENDAS

DE PIE

Le pedimos a Dios que acepte
nuestro sacrificio

Al terminar:

PUEBLO: **Amén.**

PLEGARIA EUCARÍSTICA

PLEGARIA EUCARÍSTICA II

DIALOGO DE INTRODUCCIÓN

SACERDOTE: El Señor esté con ustedes.

PUEBLO: **Y con tu espíritu.**

SACERDOTE: Levantemos el corazón.

PUEBLO: **Lo tenemos levantado hacia el Señor.**

SACERDOTE: Demos gracias al Señor, nuestro Dios.

PUEBLO: **Es justo y necesario.**

PREFACIO

Nuestra oración de Acción de Gracias

Alabanza al Padre

En verdad es justo y necesario,
es nuestro deber y salvación
darte gracias, Padre santo,
siempre y en todo lugar,
por Jesucristo, tu Hijo amado.

Por él, que es tu Palabra,
hiciste todas las cosas;
tú nos lo enviaste

SANCTUS

El sacerdote y los fieles se unen a los coros de los ángeles para alabar a Dios Padre y a Jesús a quien él ha enviado.

para que, hecho hombre por obra del Espíritu Santo
y nacido de María, la Virgen,
fuera nuestro Salvador y Redentor.

Él, en cumplimiento de tu voluntad,
para destruir la muerte
y manifestar la resurrección,
extendió sus brazos en la cruz,
y así adquirió para ti un pueblo santo.

Por eso,
con los ángeles y los santos,
proclamamos tu gloria, diciendo:

SANCTUS

Primera aclamación del pueblo

SACERDOTE y **PUEBLO:**

Santo, Santo, Santo es el Señor, Dios del universo.

Llenos están el cielo y la tierra de tu gloria.

Hosanna en el cielo.

Bendito el que viene en nombre del Señor.

Hosanna en el cielo. ARRODILLADOS

Invocación del Espíritu Santo

Santo eres en verdad, Señor,
fuente de toda santidad;
por eso te pedimos que santifiques
estos dones
con la efusión de tu Espíritu,
de manera que se conviertan para
nosotros
enel Cuerpo y ✠ la Sangre
de Jesucristo, nuestro Señor.

La Ultima Cena

El cual,
cuando iba a ser entregado a su Pasión,
voluntariamente aceptada,
tomó pan, dándote gracias, lo partió
y lo dio a sus discípulos, diciendo:

Tomen y coman todos de él,
porque esto es mi Cuerpo,
que será entregado por ustedes.

ELEVACIÓN DE LA HOSTIA

El sacerdote muestra al pueblo la hostia consagrada, la deposita sobre la patena y se arrodilla en adoración.

Del mismo modo, acabada la cena,
tomó el cáliz,
y, dándote gracias de nuevo,
lo pasó a sus discípulos, diciendo:

Tomen y beban todos de él,
porque éste es el cáliz de mi Sangre,
Sangre de la alianza nueva y eterna,
que será derramada por ustedes y por muchos
para el perdón de los pecados.

Hagan esto en conmemoración mía.

ELEVACIÓN DEL CÁLIZ

El sacerdote muestra el cáliz al pueblo, lo deposita sobre el corporal y se arrodilla en adoración.

SACERDOTE: Éste es el Misterio de la fe.

O bien:

Éste es el Sacramento de nuestra fe.

PUEBLO: **Anunciamos tu muerte,
proclamamos tu resurrección.
¡Ven, Señor Jesús!**

— o —

SACERDOTE: Éste es el Misterio de la fe.
Cristo nos redimió.

PUEBLO: **Cada vez que comemos de este pan
y bebemos de este cáliz,
anunciamos tu muerte, Señor,
hasta que vuelvas.**

— o —

SACERDOTE: Éste es el Misterio de la fe.
Cristo se entregó por nosotros.

PUEBLO: **Salvador del mundo, sálvanos,
tú que nos has liberado por tu cruz y resurrección.**

Oración memorial

Así, pues, Padre,
al celebrar ahora el memorial
de la muerte y resurrección de tu Hijo,
te ofrecemos
el pan de vida y el cáliz de salvación,
y te damos gracias
porque nos haces dignos de servirte en tu presencia.

Invocación del Espíritu Santo

Te pedimos humildemente
que el Espíritu Santo congregue en la unidad
a cuantos participamos
del Cuerpo y Sangre de Cristo.

Intercesiones por la Iglesia

Acuérdate, Señor,
de tu Iglesia extendida por toda la tierra;
y con el Papa N.,
con nuestro Obispo N.,
y todos los pastores que cuidan de tu pueblo,
llévala a su perfección por la caridad.

Por los difuntos

Acuérdate también de nuestros hermanos
que se durmieron en la esperanza

de la resurrección,
y de todos los que han muerto en tu misericordia;
admítelos a contemplar la luz de tu rostro.

En comunión con los Santos

Ten misericordia de todos nosotros,
y así, con María, la Virgen Madre de Dios,
su esposo san José, los apóstoles
y cuantos vivieron en tu amistad
a través de los tiempos,
merezcamos, por tu Hijo Jesucristo,
compartir la vida eterna
y cantar tus alabanzas.

Doxología de conclusión

Por Cristo, con él y en él,
a ti, Dios Padre omnipotente,
en la unidad del Espíritu Santo,
todo honor y toda gloria
por los siglos de los siglos.

PUEBLO: **Amén.**

AL FINALIZAR LA PLEGARIA EUCARÍSTICA

Al finalizar la Plegaria Eucarística, elevando la Hostia y el Cáliz, el sacerdote da gloria y honor a Dios a través de Jesús. Nos unimos a él diciendo: AMÉN.

EL PADRE NUESTRO

Nuestra preparación para una unión cercana con Jesús en la Sagrada Comunión comienza con el "Padre Nuestro", la oración que Jesús nos enseñó a decir.

RITO DE LA COMUNIÓN

DE PIE

PADRE NUESTRO

SACERDOTE: Fieles a la recomendación del Salvador
y siguiendo su divina enseñanza,
nos atrevemos a decir:

(Se pueden usar otras opciones).

SACERDOTE y **PUEBLO:**

Padre nuestro, que estás en el cielo,
santificado sea tu nombre;
venga a nosotros tu reino;
hágase tu voluntad en la tierra como en el cielo.
Danos hoy nuestro pan de cada día;
perdona nuestras ofensas,
como también nosotros perdonamos
a los que nos ofenden;
no nos dejes caer en la tentación
y líbranos del mal.

SACERDOTE: Líbranos de todos los males, Señor,
y concédenos la paz en nuestros días,

para que, ayudados por tu misericordia, vivamos siempre libres de pecado y protegidos de toda perturbación, mientras esperamos la gloriosa venida de nuestro Salvador Jesucristo.

PUEBLO: **Tuyo es el reino, tuyo el poder y la gloria, por siempre, Señor.**

SEÑAL DE LA PAZ

El sacerdote dice la oración por la paz y termina: por los siglos de los siglos.

SACERDOTE: Por los siglos de los siglos.

PUEBLO: **Amén.**

SACERDOTE: La paz del Señor esté siempre con ustedes.

PUEBLO: **Y con tu espíritu.**

SACERDOTE: Dense fraternalmente la paz.

Todos intercambian fraternalmente una señal de paz y amor, según las costumbres locales.

FRACCIÓN DEL PAN

Los fieles cantan o dicen:

Cordero de Dios, que quitas el pecado del mundo,
ten piedad de nosotros.
Cordero de Dios, que quitas el pecado del mundo,
ten piedad de nosotros.
Cordero de Dios, que quitas el pecado del mundo,
danos la paz.

ORACIÓN ANTES DE LA COMUNIÓN

Oramos en silencio y luego decimos palabras de humildad y esperanza como nuestra preparación final antes de recibir a Cristo en la Eucaristía.

Antes de la Comunión, el sacerdote dice en secreto una de las oraciones siguientes:

Señor Jesucristo, Hijo de Dios vivo,
que por voluntad del Padre,
cooperando el Espíritu Santo,
diste con tu muerte la vida al mundo,
líbrame, por la recepción de tu Cuerpo y de tu Sangre,
de todas mis culpas y de todo mal.
Concédeme cumplir siempre tus mandamientos
y jamás permitas que me separe de ti.

—O—

Señor Jesucristo, la comunión de tu Cuerpo y de tu Sangre
no sea para mí un motivo de juicio y condenación,
sino que, por tu piedad,
me aproveche para defensa de alma y cuerpo
y como remedio saludable.

COMUNIÓN

SACERDOTE: Este es el Cordero de Dios,
que quita el pecado del mundo.
Dichosos los invitados a la cena del Señor.

SACERDOTE y **PUEBLO** (sólo una vez):

Señor, no soy digno
de que entres en mi casa,
pero una palabra tuya
bastará para sanarme.

Entonces el sacerdote recibe la Comunión.

COMUNIÓN DEL PUEBLO

Ofrecimos a Jesús al Padre. Ahora recibemos a Jesús en la Santa Comunión como don de Dios a nosotros.

COMUNIÓN DEL PUEBLO

SACERDOTE: El Cuerpo de Cristo.

COMULGANTE: **Amén.**

SACERDOTE: La Sangre de Cristo.

COMULGANTE: **Amén.**

CANTO DE COMUNIÓN

El Canto de Comunión se canta mientras se da la Comunión a los fieles. SENTADOS

MOMENTOS DE SILENCIO O CANTO DE ALABANZA

Después de la Comunión puede haber unos momentos de silencio o se puede cantar un canto de alabanza.

ORACIÓN DESPUÉS DE LA COMUNIÓN

SACERDOTE: Oremos. DE PIE

El sacerdote y los fieles pueden orar en silencio durante unos minutos. Luego el sacerdote dice la oración para después de la Comunión.

Al finalizar:

SACERDOTE: Por Jesucristo, nuestro Señor.

PUEBLO: **Amén.**

RITO DE CONCLUSIÓN

Hemos escuchado la palabra de Dios y nos hemos alimentado del Cuerpo de Cristo. Ahora ha llegado el momento de partir, hacer buenas obras y de alabar y bendecir a Dios en nuestras vidas diarias.

BENDICIÓN

Después de cualquier anuncio breve (sentados), siguen la bendición y la despedida:

SACERDOTE: El Señor esté con ustedes.

PUEBLO: Y con tu espíritu.

SACERDOTE: La bendición de Dios todopoderoso,
Padre, Hijo ✠, y Espíritu Santo,
descienda sobre ustedes.

PUEBLO: Amén.

DESPEDIDA

DIÁCONO (o SACERDOTE):

A. Pueden ir en paz.
B. La alegría del Señor sea nuestra fuerza. Pueden ir en paz.
C. Glorifiquen al Señor con su vida. Pueden ir en paz.
D. En el nombre del Señor, pueden ir en paz.

PUEBLO: Demos gracias a Dios.

La
VIDA DE CRISTO EN LAMINAS

✠

Cada Misa dominical y festiva contiene partes que cambian de acuerdo con el misterio en particular de la vida de Cristo. De esta forma las oraciones en la Misa nos recuerdan cada año la Vida, Muerte, Resurrección y Ascensión de Jesús.

Esta sección te ayudará a conocer mejor la vida del Señor, de manera que puedas participar más activamente en cada Misa durante el año.

✠

Nacimiento de Jesús

EL NACIMIENTO DE JESÚS

EL Emperador romano Augusto había ordenado que se contaran todas las personas viviendo bajo su gobierno. Así que José y María dejaron su hogar en Nazaret para ir hasta Belén.

Tantas personas habían venido para registrarse que ya no quedaba para ellos ninguna habitación en la posada. Entonces encontraron una cueva fuera del pueblo, en las colinas.

Fue allí que Jesús nació. María lo arropó en suaves pañales y lo acostó en un pesebre.

Jesús era el Hijo de Dios. El vino para ayudarnos en nuestro camino hacia el Padre.

Jesús habla con los sabios

EL NIÑO JESÚS EN EL TEMPLO

CUANDO Jesús tenía doce años fue a Jerusalén con María y José. Después de las fiestas, sus padres comenzaron el regreso al hogar pero descubrieron que Jesús no estaba con ellos.

Durante tres días lo buscaron sin poder encontrarlo.

Por fin encontraron a Jesús en el Templo, rodeado de hombres sabios, escuchándolos y haciéndoles preguntas.

María no comprendía que Jesús estaba haciendo el trabajo de su Padre Celestial. Después El los obedeció y regresó a Nazaret.

Juan bautiza a Jesús en el Jordán

EL BAUTIZO DE JESÚS

TENIENDO Jesús cerca de treinta años de edad llegó el momento para que El comenzara a predicar las buenas nuevas. Se encaminó al área alrededor del Río Jordán, de modo que pudiera ser bautizado por Juan el Bautista.

Cuando Juan derramó el agua sobre la cabeza de Jesús, los cielos se abrieron sobre El y el Espíritu de Dios descendió en forma de paloma. Entonces se escuchó una voz que venía del cielo, diciendo:"Este es mi hijo bien-amado en quien me complazco."

Juan era confundido por la petición de Jesús, pues sabía que Jesús era mucho más santo que él. Pero Jesús le dijo que ésta era la forma en que debía hacerse, pues ellos debían cumplir los mandamientos de Dios.

LA FIESTA DE BODAS EN CANÁ

UN DÍA María fue con Jesús y sus discípulos a una fiesta de bodas en Caná.

Allí hubo un momento en que María observó que no tenían suficiente vino y se lo dijo a Jesús.

Entonces El ordenó a los sirvientes que llenaran de agua seis grandes jarras y se las llevaran al mayordomo. Cuando éste probó el agua se había convertido en vino. Este fue el primer milagro de Jesús.

JESÚS CURA A UN CIEGO

UN DÍA trajeron un ciego a Jesús. Este le pidió: "¡Señor, haz que yo pueda ver!"

Jesús tuvo piedad de él y le dijo: "¡Recobra la vista! ¡Tu fe te ha salvado!"

Inmediatamente el hombre pudo volver a ver. Luego se marchó alabando a Dios.

Jesús enseña a sus Apóstoles

JESÚS PREDICA EL AMOR A DIOS Y AL PRÓJIMO

CUANDO Jesús creció comenzó a predicar y a hacer el bien. El le dijo a la gente que el Reino de Dios había llegado.

Jesús escogió doce Apóstoles para que fueran sus compañeros y ayudantes. Pero muchas otras personas también lo siguieron.

Jesús le dijo a la gente que amaran a Dios e hicieran su voluntad. También les dijo que amaran a su prójimo y se perdonaran los unos a los otros.

María escucha a Jesús

JESÚS CON MARTA Y MARÍA

JESÚS visitaba con frecuencia a Marta, su hermana María, y a Lázaro, hermano de estas dos.

Un día María estaba sentada a los pies de Jesús escuchándolo, mientras que Marta se apresuraba preparando la comida.

Marta se molestó y dijo: "Señor, ¿no te importa que mi hermana me haya dejado sola para que yo sirva? ¡Dile que me ayude!"

Jesús le respondió: "¡Marta, Marta, tú estás ansiosa y te preocupas por muchas cosas; mas sin embargo sólo una cosa es necesaria. María ha escogido la mejor parte y no le será quitada!"

Jesús bendice a los niños

JESÚS AMA A LOS NIÑOS

JESÚS amó a los niños y ellos lo amaron a El. Un día algunas personas le trajeron sus niños para que El los bendijera.

Pero los Apóstoles pensaron que los niños no debían molestar a Jesús, así que trataron de mantenerlos alejados de El.

Nuestro Señor vio lo que estaban haciendo y los reprendió. El le dijo a los Apóstoles: "Dejad que los niños se acerquen a mí, porque de ellos es el Reino de Dios."

Entonces Jesús puso sus brazos alrededor de los niños y comenzó a bendecirlos.

Jesús habla acerca de Dios Padre

JESÚS HABLA ACERCA DE DIOS PADRE

MIENTRAS Jesús vivió en la tierra hablaba con frecuencia a sus discípulos acerca de su Padre.

El ama a su Padre y quiere que todos sepamos que su Padre es todopoderoso y bueno.

El Padre ama a Jesús y lo envió al mundo para enseñarnos a todos cómo orar y cómo servir al Padre.

Cada vez que decimos el *Padre Nuestro*, estamos diciendo la oración que Jesús enseñó a los discípulos.

JESÚS RESUCITA A LA HIJA DE JAIRO

LA HIJA del gobernador Jairo había acabado de morir. Pero Jesús le dijo: "¡No temas! ¡Sólo ten fe y se salvará!"

Cuando Jesús entró en la casa, todos estaban llorando por ella. El les dijo: "!No lloren! ¡Sólo duerme, no está muerta!" Tomando la joven por la mano, le dijo en voz alta, "¡Niña, levántate!" Entonces ella se levantó y comenzó a caminar.

EL MILAGRO DE LOS PANES

A LA GENTE le gustaba escuchar a Jesús y no querían dejarlo.

Un día Jesús le dijo a los Apóstoles que dieran algo de comer a la muchedumbre. Había allí más de 5,000 personas hambrientas. Pero ellos tenían sólo una cesta con cinco panes y dos peces. Jesús bendijo este alimento y hubo más que suficiente para todos.

Jesús llama a Pedro: “la Roca”

JESÚS NOMBRA A PEDRO COMO PRIMER PAPA

UN DÍA Jesús preguntó a sus discípulos quién creían ellos que era El. Algunos respondieron que El era Juan el Bautista o Elías o Jeremías, o uno de los profetas. Fue Pedro el que le dijo: "Tú eres el Cristo, el Hijo del Dios vivo."

Jesús sabía que nadie en la tierra había revelado esto a Pedro. La revelación podía haber llegado solamente del Padre celestial. Entonces le dijo a Pedro: "De cierto te digo, tú eres Pedro y sobre esta roca edificaré mi Iglesia. Y las puertas del infierno no prevalecerán contra ella."

Pedro sería el pastor de la Iglesia pues el le demostraría tanto amor como Jesús, el Buen Pastor, le había mostrado a él y a los otros discípulos.

Jesús, Moisés y Elías
aparecen en la gloria

LA TRANSFIGURACIÓN

UN DÍA Jesús tomó a Pedro, Santiago y Juan hasta el Monte Tabor para ir a orar.

Mientras Jesús oraba, su apariencia cambió súbitamente. Su rostro y sus ropas se hicieron completamente blancas como la lana y tan brillantes como el sol. Repentinamente los discípulos vieron que había dos hombres hablando con Jesús: Moisés y Elías.

Pedro dijo a Jesús: "!Señor, qué bien estamos aquí! ¡Si quieres haré aquí tres tiendas: una para ti, una para Moisés y otra para Elías."

Mientras Pedro estaba todavía hablando los cubrió una nube resplandeciente y salió de la nube una voz que decia: "!Este es mi Hijo amado, en quien tengo mi complacencia; escuchadle!"

Lázaro sale de la tumba

JESÚS RESUCITA A LÁZARO DE ENTRE LOS MUERTOS

CUANDO Lázaro, el buen amigo de Jesús se enfermó, sus hermanas Marta y María mandaron a buscar a Jesús. Pero Jesús permaneció donde estaba durante unos cuantos días porque sabiendo lo que iba a hacer El debía permitir que Lázaro muriera.

Lázaro llevaba ya cuatro días de muerto cuando Jesús llegó a Betania. Las hermanas deseaban confiar en El, pero estaban llenas de tristeza.

Jesús se llegó hasta la tumba y le dijo a los que estaban allí presentes que movieran la piedra que cubría la entrada de la tumba. Después de orar al Padre, El dijo, "Lázaro. ¡Levántate y anda!" Lázaro volvió a la vida. Entonces Jesús dijo a los que estaban allí que le quitaran el sudario a Lázaro.

Jesús entra triunfalmente en Jerusalén

EL PUEBLO ALABA A JESÚS

UN DÍA Jesús entró en Jerusalén montado sobre un asno. A lo largo del camino la gente extendía sus mantos en el suelo para que El pasara por encima.

Cortaron ramas de las palmas para saludarle según pasaba. Y le aclamaron con las mismas palabras que decimos en cada Misa: "¡Bendito es el que viene en nombre del Señor!"

Su Madre se alegraba de que la gente amara a su Hijo. Ella se alegra cuando le decimos a Jesús que lo amamos.

Jesús ora en la Ultima Cena

LA ULTIMA CENA

LA NOCHE antes de morir Jesús se sentó a cenar con sus Apóstoles. Durante la comida Jesús tomó un pedazo de pan, lo bendijo y lo partió. Luego se lo dio a los Apóstoles diciendo: "Tomad y comed. Este es mi Cuerpo."

Terminada la cena tomó un cáliz. Dio gracias y lo pasó a sus Apóstoles, diciendo: "Tomad y bebed todos de él: porque esta es mi Sangre que será derramada para el perdón de los pecados."

Luego dijo a los Apóstoles que hicieran lo que El acababa de hacer. Y esto se sigue haciendo en su Nombre hasta el día de hoy en cada Misa de cada día.

Jesús ora en el jardín de Getsemaní

LA AGONÍA EN EL JARDÍN

JESÚS tomó con El a Pedro, Santiago y Juan y se encaminó al jardín de Getsemaní. Allí dijo: "Triste está mi alma hasta la muerte. Quédense aquí y velen conmigo."

Adelantándose un poco, se postró sobre su rostro, orando y diciendo: "Padre mío, si es posible, pase de mí este cáliz; sin embargo, no se haga como yo quiero, sino como quieres tú."

Jesús regresó junto a los Apóstoles y los encontró dormidos. Entonces les dijo: "¿De modo que no han podido velar conmigo ni siquiera una hora?" Después les dijo de velar y orar, después regresó para orar al Padre.

De nuevo Jesús los encontró dormidos. Oró por una tercera vez y vino un ángel para darle fuerzas.

Jesús dice que El es Rey

JESÚS ES CONDENADO A MUERTE

EL GRAN sacerdote y el tribunal encontraron culpable a Jesús y lo enviaron al Gobernador romano, Poncio Pilato, para que lo juzgara.

Pilato le preguntó a Jesús, El cual estaba de pie delante de él, "¿Eres tú el Rey de los Judíos?"

Y Jesús le respondió: "¡Tú lo has dicho! ¡Yo soy Rey! ¡Para ello es que he nacido y por qué he venido a este mundo, para dar testimonio de la verdad!"

Pilato presentó a Jesús al pueblo. Pero la muchedumbre siguió gritando que Jesús fuera condenado a muerte. Así que Pilato lo entregó a los soldados para que lo crucificaran.

Jesús muere en la Cruz

JESÚS MUERE EN LA CRUZ

LOS soldados romanos pusieron la Cruz sobre los hombros de Jesús y comenzaron el camino hacia el Calvario—el lugar de la Crucifixión.

En el camino Jesús cayó bajo el peso de la Cruz y los latigazos que había recibido. Entonces los soldados obligaron a un espectador, Simón de Cirene, a que lo ayudara.

Una vez en el Calvario los soldados le quitaron las ropas a Jesús y lo clavaron a la Cruz. De pie junto a la Cruz estaban María, su Madre, y Juan, el discípulo amado.

Después de tres horas de terribles sufrimientos en la Cruz, Jesús dijo: "¡Todo se ha consumado!"Y diciendo esto, expiró.

Jesús se levanta de entre los muertos

JESÚS SE LEVANTA DE ENTRE LOS MUERTOS

EN TRES ocasiones separadas Jesús le había dicho a sus Apóstoles que El resucitaría al tercer día de su muerte.

El domingo (tercer día) después de su muerte El resucitó por su propio poder divino, como Vencedor glorioso, como lo había prometido. Su cuerpo ya no sufriría más. El príncipe de la vida, quien murió, venció la muerte y reina para siempre.

La Resurrección de Jesús nos demuestra que El es el Hijo de Dios y que si lo seguimos también algún día resucitaremos en la gloria.

Descenso del Espíritu Santo

LLEGADA DEL ESPÍRITU SANTO

DESPUÉS que Jesús hubo ascendido al cielo los discípulos se encontraban en compañía de nuestra Señora. De repente escucharon un sonido que venía desde el cielo que parecía como el ruido de un gran viento.

Entonces se vieron lenguas de fuego y fueron llenos del Espíritu Santo. Comenzaron a alabar a Dios y a decir a todos cuán bueno es Dios y cuán maravillosas son todas sus obras.

Los discípulos comprendieron, mejor que nunca antes, que Dios nos ama a todos y que debemos hacer todo lo que podamos para demostrarle que también nosotros le amamos.

ORACIONES DIARIAS

El Padre Nuestro

Ver pág. 39.

Ave María

Dios te salve, María, llena eres de gracia; el Señor es contigo; bendita tú eres entre todas las mujeres, y bendito es el fruto de tu vientre, Jesús. Santa María, Madre de Dios, ruega por nosotros pecadores, ahora y en la hora de nuestra muerte. Amén.

Gloria al Padre

Gloria al Padre, y al Hijo y al Espíritu Santo. Como era al principio, ahora, y siempre, por los siglos de los siglos. Amén.

Credo de los Apóstoles

Creo en Dios, Padre todopoderoso, Creador del cielo y de la tierra. Creo en Jesucristo, su único Hijo, nuestro Señor, que fue concebido por obra y gracia del Espíritu Santo: nació de Santa María Virgen, padeció bajo el poder de Poncio Pilato, fue crucificado, muerto y sepultado, descendió a los infiernos, al tercer día resucitó de entre los muertos, subió a los cielos, y está sentado a la derecha de

Dios, Padre todopoderoso. Desde allí ha de venir a juzgar a vivos y muertos. Creo en el Espíritu Santo, la Santa Iglesia Católica, la comunión de los santos, el perdón de los pecados, la resurrección de la carne y la vida eterna. Amén.

Un Acto de Fe

¡Oh, Dios mío! Creo firmemente en ti y en todas las verdades que la Santa Iglesia Católica enseña.

Un Acto de Esperanza

¡Oh, Dios mío! Espero en ti por la gracia y por la gloria, por causa de tus promesas, tu misericordia y tu poder.

Un Acto de Amor

¡Oh, Dios mío! Te amo sobre todas las cosas, con todo mi corazón y con toda mi alma pues tú eres todo bondad y digno de todo mi amor.

Un Acto de Contrición

¡Oh, Dios mío! Me arrepiento de todo corazón de haberte ofendido y detesto mis pecados porque temo tus justos castigos; pero especialmente por haberte ofendido, Dios mío, que eres todo bueno y mereces todo mi amor.

Firmemente prometo, con el auxilio de tu gracia, confesar mis pecados, hacer penitencia y enmendar mi vida. Amén.

Oraciones de la Mañana

¡Oh, Dios mio! Creo en ti, espero en ti. Te amo sobre todas las cosas. Te doy gracias por haberme protegido durante la noche pasada.

Te entrego todo mi ser. Todo lo que yo haga hoy lo haré para complacerte. Protégeme, querido Jesús, de todo mal. Bendice a mi padre y a mi madre y todos aquellos que amo.

Santa María, ora por mí.

Padre Nuestro, Ave María.

Oraciones de la Tarde

¡Oh, Dios! Te doy gracias por todos los beneficios y bendiciones que he recibido, especialmente durante este día. Perdona todos mis pecados. Me arrepiento de ellos por haberte ofendido. Bendíceme mientras duermo para que me porte mejor mañana. Bendice mi padre y mi madre y todos aquellos que amo y hazlos felices.

Jesús, María y José, ayúdenme, especialmente en la hora de mi muerte. Amén.

Padre Nuestro, Ave María.

SACRAMENTO DE LA PENITENCIA

(CONFESIÓN)

Jesús sabía que aunque su ejemplo y ayuda nos ayudarían a ser mejores, a veces le ofenderíamos pecando. Nos dejó el Sacramento de la Penitencia. En ello, Jesús viene a perdonar nuestros pecados y nos trae la paz con Dios y con la Iglesia, ofendida por nuestros pecados. Debemos estar verdaderamente arrepentidos por hacer el mal y tratar sinceramente de obrar major.

Examen de Conciencia

Antes de confesar mis pecados al sacerdote para que me sean perdonados, debo decirle a Jesús cuánto lo siento y cuánto necesito su ayuda. Después debo tratar de recordar mis pecados examinando mi conciencia. He aquí algunas ayudas:

- ¿He tratado de comprender cuán necesario es Dios en mi vida? ¿Desde mi última confesión con cuánta frecuencia le he orado y cuántas veces he preferido ignorarlo? ¿Por qué he hecho estas cosas?
- ¿Me he portado bien en el hogar—con mis padres, hermanos y hermanas, mis labores, mis amistades? Si no ha sido así, ¿por qué no lo he hecho? No puedo portarme mejor si no trato de saber por qué me he portado mal.
- ¿He side el mejor alumno que pudiera ser? ¿Presto atención, estudio mucho, hago mis tareas, respeto a mis maestros? ¿Soy

amable con otros niños; respeto la propiedad de la escuela? ¿Puedo pensar en otras cosas en que no he hecho lo mejor posible en la escuela?

- ¿He sido justo y honesto con mis amigos mientras juego, o cuando salgo a pasear, o cuando voy y vengo de la escuela?
- ¿He respetado y bien cuidado mi cuerpo?

Oraciones antes de la Confesión

Jesús, antes de morir oraste para que tú y yo estuviéramos unidos siempre. No permitas jamás que haga algo que me separe de ti. Cuando peque, vuélveme a recibir como amigo tuyo.

¡Oh, Dios! Lamento todos mis pecados porque no te son agradables y por ser tú tan bueno y merecedor de todo mi amor. Con tu ayuda no pecaré nunca más.

Cómo hacer mi Confesión

1. Hacer la Señal de la Cruz.
2. Decirle al sacerdote cuándo hice mi ultima Confesión.
3. Confesar mis pecados.
4. Escuchar lo que el sacerdote me dice.
5. Decir un Acto de Contrición (dolor).
6. Dar las gracias al sacerdote después de haberme dado la absolución en nombre de Jesús.

Después de la Confesión, debo decir la penitencia que el sacerdote me dio. Luego debo dar gracias a Dios por perdonarme mis pecados y pedirle que me ayude a no volver a pecar en el futuro.

ORACIONES DE LA COMUNIÓN

ANTES DE LA SANTA COMUNIÓN

Acto de Ofrecimiento

Querido Jesús, con esta Santa Comunión, te ofrezco en el día de hoy mis pensamientos, mis palabras y todo lo que hago. Que tu gracia me ayude a ester siempre dispuesto a recibirte.

Acto de Fe

¡Oh, buen Jesús! tú estás ahora en el altar. Creo que tú eres el mismo Dios que hizo el cielo y la tierra, y quien se hizo niño como yo para traernos más cerca de ti. Creo que ahora estás realmente presente en la Santa Comunión para ser alimento de nuestras almas. Lo creo todo porque así tú lo dijiste.

Acto de Esperanza

¡Oh, buen Jesús! Tú vienes a mí con las riquezas del cielo y de la tierra. Espero confiado que tú me traerás toda la ayuda que necesito para servirte bien y alcanzar el cielo.

Acto de Amor

¡Querido Jesús, cuánto debo amarte después de todo lo que has sufrido por mí! Haz que crezca más y más en mi amor por ti. ¡Cuán feliz estaré cuando dentro de unos momentos pueda tenerte muy cerca de mi corazón!

Acto de Contrición

Yo sé, querido Jesús, que te he ofendido con frecuencia con mis pecados. Pero ahora estoy muy arrepentido. Una palabra de tus santos labios y mi alma será más blanca que la nieve. Te prometo, querido Jesús, tener mucho cuidado para no volverte a ofender.

Acto de Adoración

Señor mío y Dios mío, creo que estás realmente presente en el Santísimo Sacramento. Yo te adoro, oh Jesús, mi Creador, mi Señor, mi Redentor, mi Amor.

¡Ven, querido Jesús, ven a mi corazón! Voy a recibirte en la Santísima Comunión. ¡Tú eres Dios!

¡ Señor mío y Dios mío!

Oración para dar gracias a Jesús por venir a mí

Querido Jesús, tus milagros son muy grandes. Tu mayor milagro es darnos tu cuerpo y tu sangre en la Santa Comunión. Esto eres tú mismo y no sólo pan.

Gracias te doy por darte a mí. Que esta Santa Comunión me acerque a ti, Señor mío y Dios mio.

Actos de Fe, Esperanza, Amor y Petición

Oh, buen Jesús, tú eres rey del cielo y de la tierra. Yo creo en ti. Yo espero en ti. Te amo.

Oh, Jesús, acabo de alimentarme de ti como alimento para mi alma. Tú eres el don que Dios me da para ayudarme a imitarte. Hay muchas cosas que necesito de ti de manera que yo pueda hacer lo que tú deseas que yo haga.

Ayúdame especialmente a amar a mi familia, mis amigos, a todos, al igual que tú los amas. Perdono a todo aquel que me ha hecho mal. Ayúdame a amar mis enemigos y hacer el bien a todos, aún a aquellos que me ofenden. Jesús, vivo por ti; muero por ti; quiero ser tuyo para siempre.

Acto de Júbilo

¡Que mi alma te desee siempre, querido Jesús!

¡Que siempre estés conmigo en la Santa Comunión!

¡Que siempre vivas en mi corazón!

¡Que tus muchas gracias me ayuden a ser feliz para estar siempre contigo en el cielo!

Acto de Ofrecimiento

¡Oh, Jesús, tú te has entregado a mí; permíteme ahora entregarme a ti!

Te entrego mi cuerpo, para que pueda ser casto y puro. Te entrego mi alma, para que esté libre de pecado. Te entrego mi corazón, para que siempre pueda amarte.

Te entrego cada pensamiento, palabra y obra de mi vida, y todo te lo ofrezco para tu honor y gloria.